Impressum
Verlag: BABADADA GmbH, Nedderfeld 112 , 22529 Hamburg
Geschäftsführer / Verlagsleitung: Harald Hof
Druck: Books on Demand GmbH, In de Tarpen 42, 22848 Norderstedt

Imprint
Publisher: BABADADA GmbH, Nedderfeld 112 , 22529 Hamburg, Germany
Managing Director / Publishing direction: Harald Hof
Print: Books on Demand GmbH, In de Tarpen 42, 22848 Norderstedt

ښوونځی
escola

classe
تقسیم
dividir
186/2
د ښوونځي حویلی
pati (de l'escola)
tauler
ښوونکی
professor
ورق
paper
لیکل
escriure
قلم
estilogràfica
ډیسک
escriptori
خط کش
regle
کتاب
llibre
زده کونکی
estudiant

کڅوړه
bossa

د پنسل بکسه
estoig

پنسل
llapis

پنسل تراش
maquineta de fer punta

ربړ
goma

د رسامۍ پاڼه
bloc de dibuix

رسامي

dibuix

د نقاشۍ برس

pinzell

د نقاشۍ بکس

capsa de pintures

قیچي

tisores

سریښ

cola

د تمرین کتاب

quadern d'exercicis

کورنۍ دنده

deures

12

شمیر

nombre

2+2

جمع

afegir

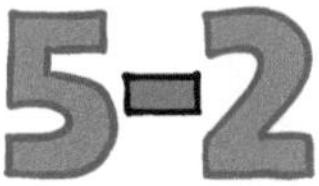

5-2

منفي

sostreure

2×2

ضرب

multiplicar

حساب

calcular

A

توری

lletra

ABCDEFG
HIJKLMN
OPQRSTU
VWXYZ

الفبا

alfabet

hello

کلمه

mot

متن

text

لوستل

llegir

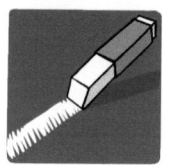

تباشير

guix

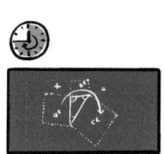

درس

lliçó

راجستر

llibre de classe

ازموينه

examen

تصديق پاڼه

certificat

د ښوونځي يونيفارم

uniforme escolar

تعليم

formació

دايره المعارف

enciclopèdia

پوهنتون

universitat

مايکروسکوپ

microscopi

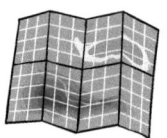

نقشه

mapa

اشغالدانی

paperera

هوتل
hotel

لیلیه
alberg

د اسعارو د تبادلي دفتر
oficina de canvi

بکس
maleta

موټر
automòbil

ژبه
llengua

هو/نه
sí / no

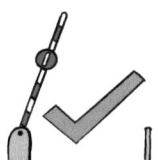

سمه ده
D'acord

سلام
Ey!

ژبارونکی
traductora

مننه
gràcies

څومره دي...؟

Quant costa... ?

زه نه پوهیږم

No entenc

ستونزه

problema

ماښام مو پخير!

Bona nit!

سهار په خير!

bon dia!

شپه په خير!

bona nit!

په مخه مو ښه

fins aviat

لاربښود

direcció

سامان

bagatge

بيګ

bossa

شاتنی بکس

sarrona

میلمه

convidat

خونه

cambra

د خوب کڅوړه

sac de dormir

خیمه

tenda

د توریزم معلومات

oficina de turisme

ساحل

platja

کریډیټ کارټ

carta de crèdit

ناری

esmorzar

د غرمي خواړه

dinar

د شپي خواړه

sopar

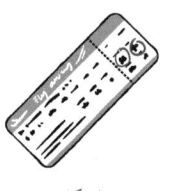

ټیکټ

bitllet

لفټ

ascensor

مهر

segell

پوله

frontera

ګمرک

duana

سفارت

ambaixada

ویزه

visat

پاسپورټ

passaport

ټرانسپورټ
transport

الوتکه
vol
vaixell
د اور ماشین
automòbil dels bombers
بس
bus
camió
llanxa de motor
بایک
bicicleta
automòbil

کښتی
transbordador

کښتی
barca

موټرسایکل
moto

د پولیسو موټر
automòbil de policia

د ریس موټر
automòbil de curses

کرایی موټر
automòbil de lloguer

د کرایه موټري

vehicle compartit

جرثقیل لرونکی ټرک

grua

ریفیوز ټرک

camió de les escombraries

موټر

motor

سونګ توکي

benzina

پټرول سټیشن

benzineria

ترافیکي نښه

senyal de trànsit

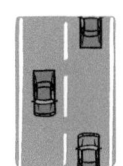

ترافیک

trànsit

جام ترافیک

embús

د موټرو تمځای

aparcament

د ریل سټیشن

estació de trens

پاټکي

vies

ریل

tren

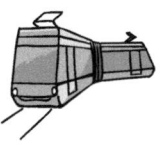

ټرام

tramvia

واګون

vagó

چورلکه

helicòpter

هوايي ډګر

aeroport

برج

torre

مسافر

passatger

کانټينر

contenidor

کارتون

capsa de cartó

کارت

carretó

ټوکرۍ

cistella

الوتنه کول/کښېناستل

enlairar-se / aterrar

ښار

ciutat

کلی

poble

د ښار مرکز

centre de la ciutat

کور

casa

سينما
cinema

اعلان
anunci

دكوڅي لامپا
fanal

CINEMA

كوڅه
carrer

بټياكسي
taxista

پياده
pedestre

د خوارو پلورنځى
quiosc

پلي لاره
vorera

د سرک څخه تيريدو لاره
pas de zebra

اشغالدانئ (لو
lleda d'escombraries

د تيريدو لاره
encreuament

د ترافيک څراغونه
semàfor

كوډله

cabana

اپارتمان

apartament

د ريل سټيشن

estació de trens

ټاون هال

casa de la vila-ciutat

ميوزيم

museu

ښوونځى

escola

پوهنتون

universitat

بانک

banca

روغتون

hospital

هوټل

hotel

درملتون

farmàcia

دفتر

oficina

کتاب پلورنځی

llibreria

پلورنځی

botiga

د ګلانو پلورنځی

floristeria

لوی پلورنځی

supermercat

مارکیټ

mercat

د ډیپارټمنټ سټور

gran magatzem

کب پلورنځی

peixateria

د پلور مرکز

centre comercial

لنګرتون

port

پارک

....

parc

بینچ

....

banc

پل

....

pont

زینه

....

escala

د ځمکي لاندي

....

metro

تونل

....

túnel

بس تمځای

....

parada d'autobús

بار

....

bar

ریسټورانټ

....

restaurant

پوست بکس

....

bústia de correu

د کوڅي نښه

....

senyal indicador

د پارک کولو میټر

....

parquímetre

ژوبڼ

....

zoo

د لامبو حوض

....

piscina

مسجد

....

mesquita

کرونده

granja

ناپاکي

pol·lució

هدیره

cementiri

چرچ

església

د لوبو ډګر

parc infantil

معبد/کلیسا

temple

منظره

paisatge

پانه
fulla

د لارښوونې نښه
cartell indicador

لاره
camí

چمن
prat

کاڼی
pedra

ونه
arbre

هیکر
excursionista

سیند
riu

واښه
gespa

ګل
flor

دره
....
vall

غونډۍ
....
muntanya

ناور
....
llac

ځنګل
....
bosc

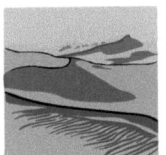

دښته
....
desert

اورشيندی
....
volcà

کلا
....
castell

رنګين کمان
....
arc de Sant Martí

مرخيړي
....
bolet

پلم ونه
....
palmera

ماشي
....
moscard

الوتل
....
mosca

ميږی
....
formiga

مچۍ
....
abella

غونډل/جولا
....
aranya

ګونګټ

escarabat

چونګښه

granota

نولی

esquirol

زیږکی

eriçó

سوی

llebre

ګونګ

òliba

مرغۍ

ocell

قازه

cigne

نرخوک

senglar

هوسۍ

cervo

ګاوزه

ant

بند

presa

بادي توربین

turbina

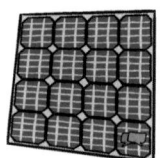

سولر تختي

panell solar

اقلیم

clima

پیشخدمت
cambrer
مینو
menú
cadira
سوپ
sopa
پیزا
pizza
د میز ټوټه
tovalla
ښاخۍ، چاقو، کاشوغه
coberts

سټارټر

....

primer plat

اصلي خواړه

....

plat principal

شیریني

....

darreries

څښاک

....

begudes

خواړه

....

menjar

بوتل

....

ampolla

فاست فوډ

menjar ràpid

د کوڅې خواړه

menjar de carrer

چای جوش

tetera

قندانی

sucrer

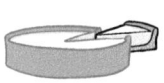

برخه

porció

اسپرسو مشین

màquina d'espresso

لوړه چوکی

trona

رسید

factura

مجمه

plata

چاکو

ganivet

پنجه

forqueta

قاشق

cullera

چای قاشق

cullereta

سورویت

tovalló

گلاس

got

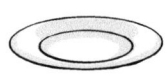

پلیټ
....
plat

د سوپ پلیټ
....
plat de sopa

نالبکی
....
plateret

ساس
....
salsa

مالګه شیندونکی
....
saler

د مرچ ټکولو لوخی
....
molinet de pebre

سرکه
....
vinagre

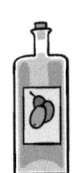

غوړي
....
oli

مساله
....
espècies

کچ اپ
....
quètxup

شرشم
....
mostassa

چکه
....
maionesa

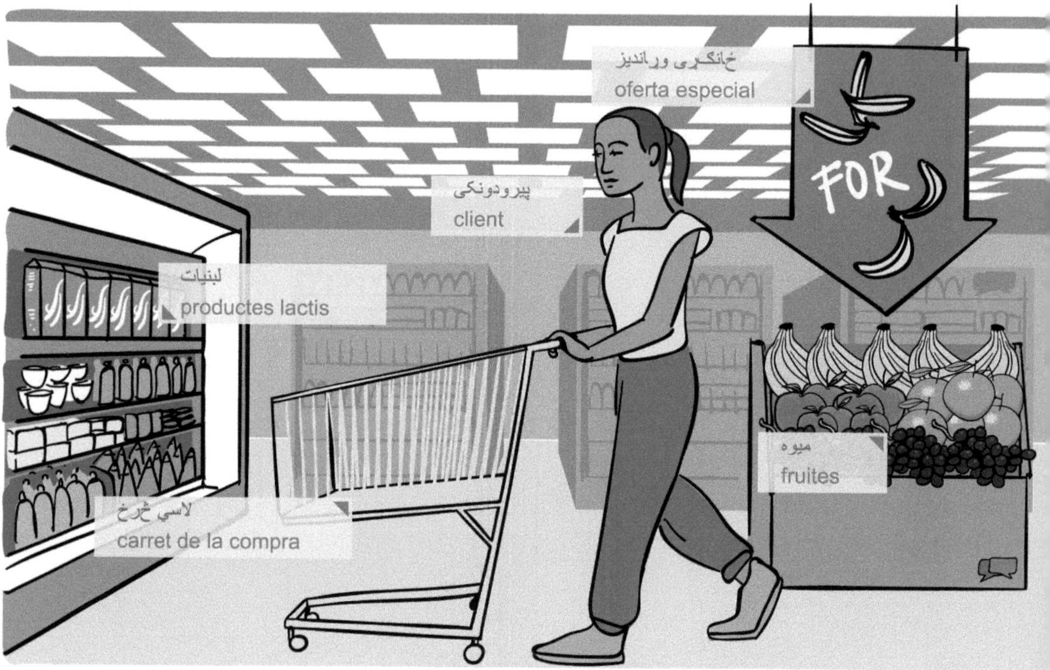

ځانګړی وړاندیز
oferta especial
FOR
پیرودونکی
client
لبنیات
productes lactis
میوه
fruites
لاسي ګرځ
carret de la compra

BUTCHERS

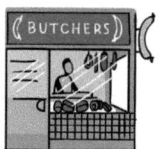

قصابي
....
carnisseria

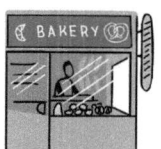

BAKERY

نانوایی
....
forn de pa

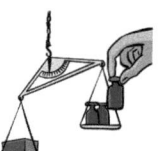

وزن کول
....
pesar

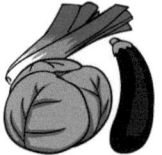

سبزیجات
....
verdures

غوښه
....
carn

کنګل خواړه
....
menjar congelat

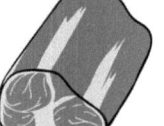

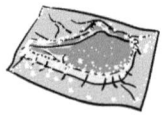

يخه غوښه

carn freda

كنسروا خوارِه

conserves

د مينځلو پوډر

detergent en pols

شيريني

dolços

كورني توليدات

articles domèstics

د پاكولو محصولات

productes de neteja

د پلور فرد

venedora

د نغدي راجستر

caixa registradora

صراف

caixera

د پيرود ليست

llista de la compra

كاري ساعتونه

horari d'obertura

بټوه

portamonedes

كريډيټ كارت

carta de crèdit

كڅوړه

bossa

پلاستيک كڅوړه

bossa de plàstic

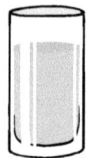

څښاک
begudes

اوبه

aigua

جوس

suc

شیده

llet

کوک

coca-cola

واین

vi

بیر

cervesa

الکول

alcohol

ککاو

cacau

چای

te

کافي

cafè

اسپرسو

espresso

کپچینو

cappuccino

کیله

....

banana

مڼه

....

poma

نارنج

....

taronja

هندواڼه

....

síndria

لیمو

....

llimona

ګازره

....

pastanaga

هوږه

....

all

بانس

....

bambú

پیاز

....

ceba

مرخیړي

....

bolet

چغزی

....

avellanes

آش

....

fideus

سپیګټي
....
espaguetis

وریجې
....
arròs

سلاد
....
amanida

چپس
....
patates fregides

سره کړي کچالو
....
patates fregides

پیزا
....
pizza

همبرګر
....
hamburguesa

ساندویچ
....
entrepà

کتره
....
escalopa

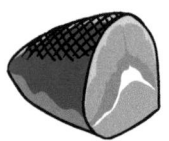

د پتون غوښه
....
cuixot

سلمي
....
salami

ساسچ
....
salsitxa

چرګ
....
pollastre

روست
....
rostit

کب
....
peix

د وربشي شيرني

flocs de civada

موسلي

musli

د جوار پلی

cereals

اوړه

farina

کروسانت

croissant

د ډوډۍ رول

panet

ډوډۍ

pa

ټوسټ

torrada

بسکيټ

bescuits

کوچ

mantega

چکه

mató

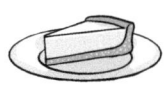

کيک

pastís

هګۍ

ou

پښې هګۍ

ou fregit

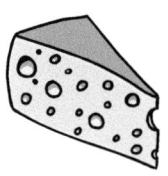

پنير

formatge

آیس کریم

gelat

بوره

sucre

شهد

mel

مربا

melmelada

نوګاټ کریم

crema de xocolata

کورکمان

curri

کرونده

granja

granja
غوجل
graner
د بوسو گیدی
bala de palla
خمکه
camp
اس
cavall
لاس گادی
remolc
تریکتر
tractor
کوچنی اس
poltre
خر
ase
پسه
ovella
xai

وزه
....
cabra

غوا
....
vaca

خوسکی
....
vedella

خوگ
....
porc

د خوگ بچی
....
garrí

غویی
....
bou

بته

oca

هیلی

ànec

چرگـوړی

poll

چرگـه

gall

بانگـي

gallina

سارای موږک

rata

پیشک

gat

موږک

ratolí

غویی

bou

سپی

gos

د سپي خونه

gossera

د باغ هوز

mànega de regar

د اوبو لوخی

regadora

لور (داس)

dalla

یوی

arada

لور
....
falç

رمبی
....
aixada

ښاخی
....
forca

تبر
....
destral

کراچۍ
....
carretó

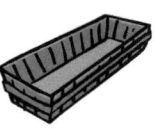

ناوه
....
abeurador

د شیدو لوخی
....
lletera

جوال
....
sac

کټاره
....
tanca

مضبوط
....
establa

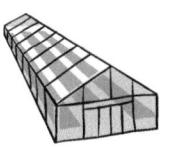

شنه خونه
....
hivernacle

خاوره
....
sòl

تخم
....
llavor

سره/کود
....
adob

کډ ریبونکی ماشین
....
collidora

زیرمه کول

collir

درمند

collita

خوارږه کچالو

nyam

غنم

blat

سويا

soja

کچالو

patata

جوار

blat de moro o d'indi

نباتي تخم

colza

د میوې ونه

arbre fruiter

مانیوک

mandioca

غله

cereals

کور

casa

fumera
بام
teulada
ناودان
canaló
finestra
garatge
د دروازې زنګ
campana
دروازه
porta
اشغالدانی
galleda de les escombraries
د لیک بکس
bústia de correu
باغ
jardí

د اوسیدو خونه

sala d'estar

حمام

bany

پخلنځی

cuina

د ویده کیدو خونه

cambra de dormir

د ماشوم خونه

cambra de nen

د خوارو خونه

menjador

فرش
....
sòl

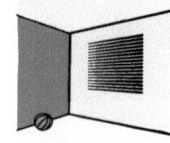

ديوال
....
paret

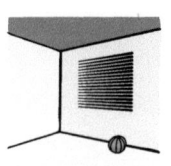

چت
....
sostre

زيرخانه
....
soterrani

سونا
....
sauna

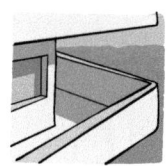

بالكوني
....
balcó

ټراس
....
terrassa

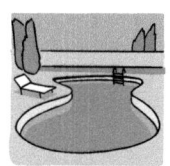

حوض
....
piscina

د چمن وهلو ماشين
....
tallagespa

شيټ
....
vànova

روجايى
....
cobrellit

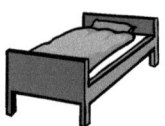

تخت
....
llit

جارو
....
escombra

بوکه
....
galleda

سويچ
....
interruptor

د اوسیدو خونه

sala d'estar

والپیپر
paper de paret
عکس
quadre
لامپ
làmpada
شیلف
prestatge
الماری
armari
تلویزیون
televisor
نغری
escalfapanxes
flor
بالښت
coixí
صوفه
sofà
ګلدانی
gerro
telecomanda

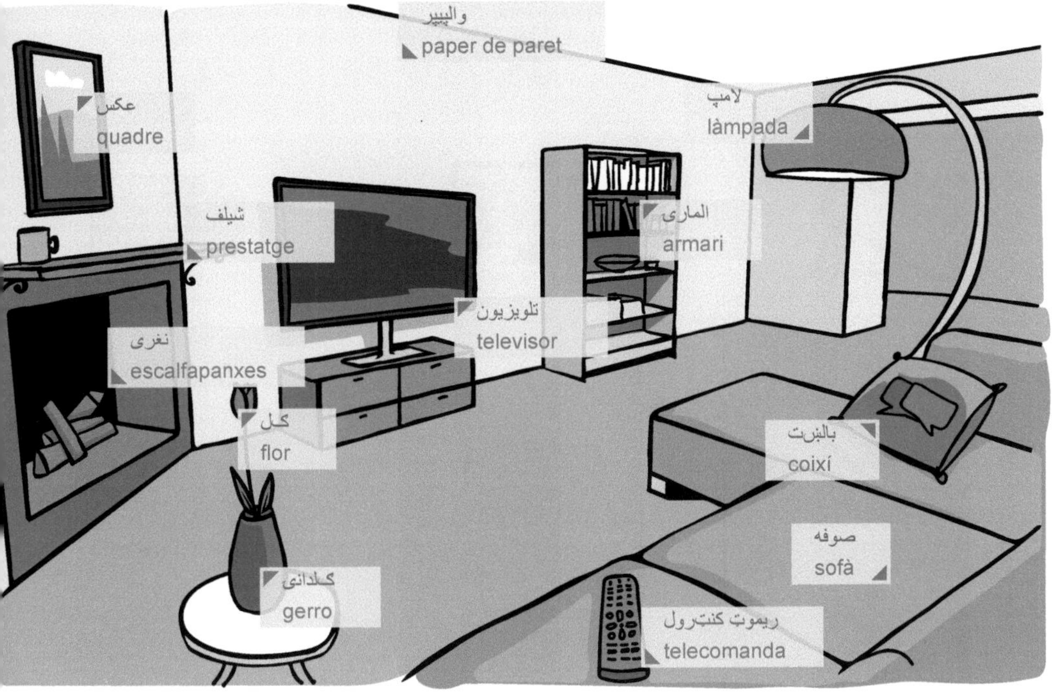

غالی

catifa

پرده

cortina

میز

taula

چوکی

cadira

تاویدونکي چوکی

cadira gronxadora

بازو لرونکی چوکی

cadiral

کتاب
....
llibre

کمپل
....
llençol

ډیکوریشن
....
decoració

د اور لرګي
....
llenya

فلم
....
film

هايـفاى
....
cadena de música

کلي
....
clau

ورځپاڼه
....
diari

نقاشي
....
pintura

پوسټر
....
cartell

راډيو
....
ràdio

کتابچه
....
bloc de notes

واکیوم جارو
....
aspiradora

کاکتوس
....
cactus

شمع
....
candela

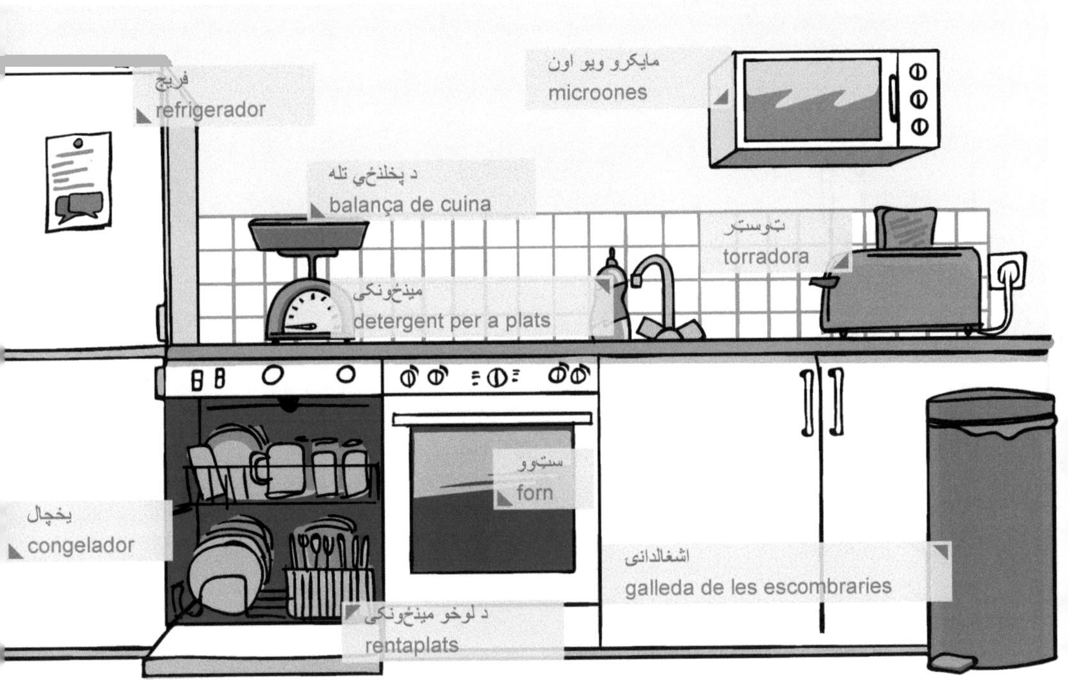

فریج
▶ refrigerador

مایکرو ویو اون
microones

د پخلنځي تله
balança de cuina

تـوسـتـر
torradora

مینځخونکی
detergent per a plats

ستـوو
▶ forn

یخچال
▶ congelador

اشغالدانئ
galleda de les escombraries

د لوخو مینځخونکی
rentaplats

دیگ بخار
cuina de fogons

لوخی
olla

چدني لوخی
olla de ferro colat

ووک
wok / karahi

د تلي په
paella

چای جوش
bullidor

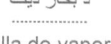

د بخار دیګ

olla de vapor

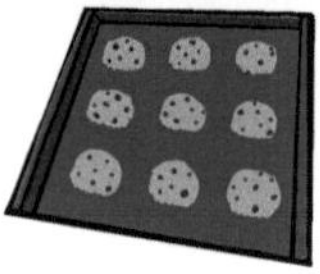

پتنوس

plata de forn

لوښي

vaixella

مګ

tassa grossa

کاسه

bol

د رانیولو اوزار

bastonets xinesos

څمڅۍ

culler

کفګیر

espàtula

پاکونکی

batedor

صافي

colador

غلبیل

sedàs

ګریټر

ratllador

اونګ

morter

بار بي کيو

barbacoa

خلاص اور

foc a terra

تخته

taula de tallar

هوارونکی

corró

کارک سکریو

llevataps

ټیم

pot de conserva

د ټیم خلاصونکی

obridor

د لوخي ټوټه

agafador

ظرف شوی

aigüera

برس

raspall

سپنج

esponja

بلینډر

batedora

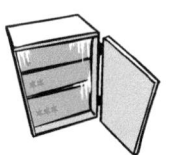

ژور یخچال

congelador

د ماشوم بوتل

biberó

نل

aixeta

حمام

bany

تودول
calefacció
شاور
dutxa
جان پاک
tovallola
د شاور پرده
cortina de dutxa
ببل حمام
bany de bombolles
د حمام ټب
banyera
got
د مينځلو مشين
rentadora
نل
aixeta
ټايلونه
rajoles
يو ډول کمود
orinal
ظرف شوی
aigüera

تشناب

lavabo

فرشي کمود

lavabo turc

کمود

bidet

د متيازو ځای

orinador

تشناب کاغذ

paper higiènic

د تشناب برس

escombreta de sanitari

38 حمام - bany

د غابښونو برس

raspall de dents

د غابښونو کریم

pasta de dents

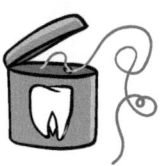

د غابښونو نخ

fil dental

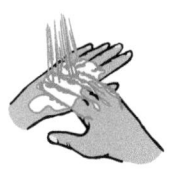

مینځل

rentar

لاسي شاور

pom de dutxa

دوش

dutxa íntima

خانک

rentamans

د شا برس

raspall per a l'esquena

صابون

sabó

د شاور ژل

gel de dutxa

شامپو

xampú

فلانل جامه

manyopla de bany

وچول

bonera

کریم

crema

سپری

desodorant

آینه

mirall

لاسي آینه

mirall-espill de mà

ریزر

maquineta de rasar

د خریلو فوم

espuma de barbejar

د خریلو وروسته

loció post-rasada

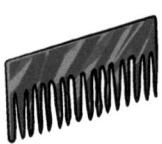

ګمنځ

pinta

برس

raspall

د ویښتانو وچونکی

eixugador

د ویښتانو سپری

laca

میک اپ

maquillatge

لیپ سټیک

pintallavis

د نوکانو پالش

esmalt d'ungles

کاټن وړی

cotó

ناخن ګیر

tallaungles

عطر

perfum

د مینځلو کڅوړه

....

estoig de bellesa

سټول

....

tamboret

د وزن کولو تله

....

bàscula

د حمام پوښاک

....

barnús

د ربړ دستکش

....

guants de goma

ټامپون

....

compresa higiènica

صحيی جان پاک

....

compresa

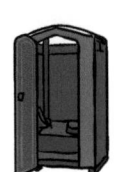

کیمیکل تشناب

....

sanitari químic

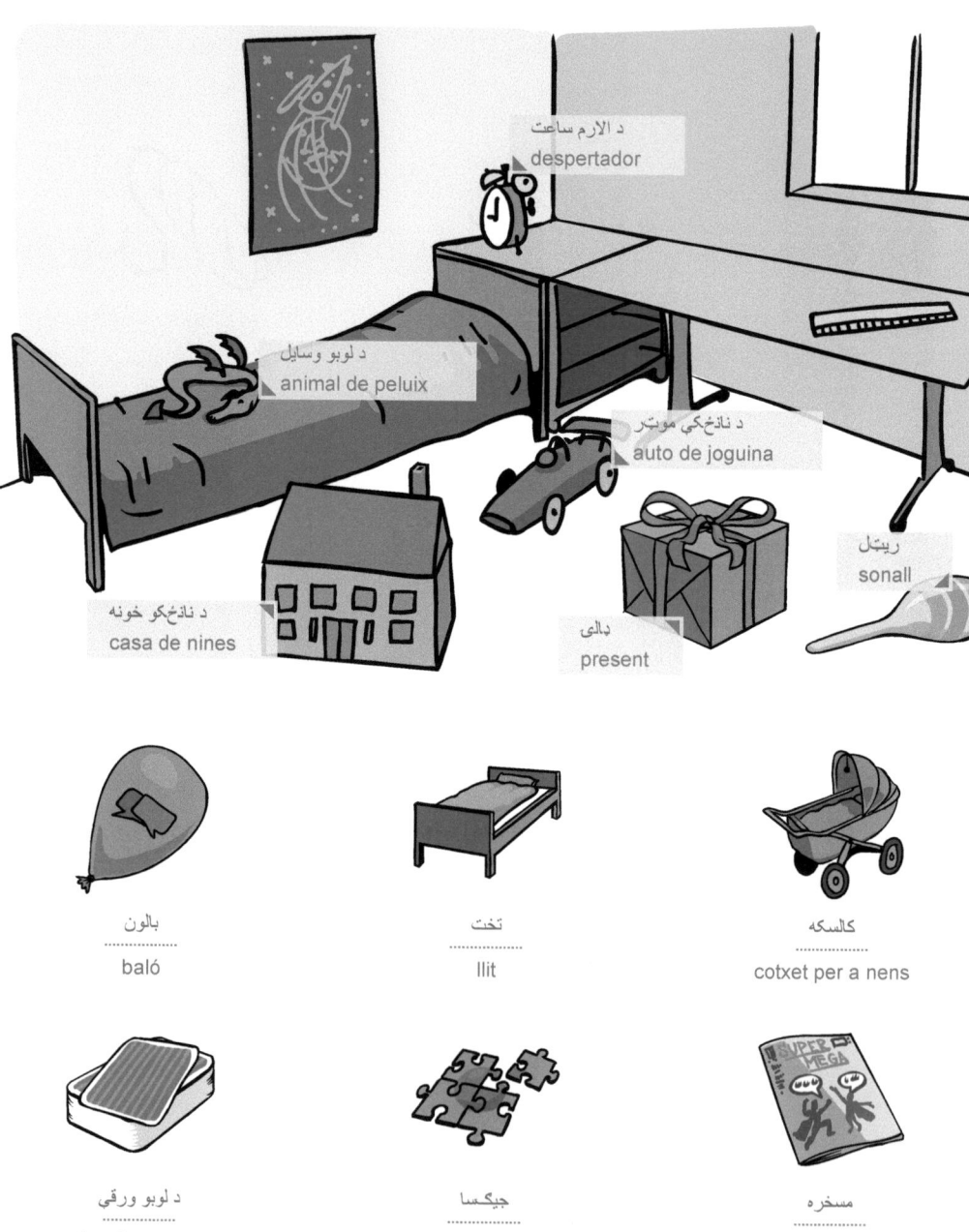

د الارم ساعت
despertador
د لوبو وسایل
animal de peluix
د نانځکي موټر
auto de joguina
sonall
د نانځکو خونه
casa de nines
ډالۍ
present

بالون

baló

تخت

llit

کالسکه

cotxet per a nens

د لوبو ورقې

joc de cartes

جيګسا

trencaclosca

مسخره

historieta

لیګو بریک

peces de lego

د نانځکو بلاک

peces de construcció

د اکشن فیګور

ninot d'acció

د ماشوم پوښاک

granota

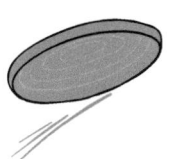

فریزبي

frisbee

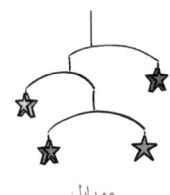

موبایل

mòbil per a bressol

بورډ لوبه

joc de taula

تاس

daus

ماډل ریل سیټ

tren elèctric

ګونګشی

xumet

پارټي

festa

د عکسونو البوم

llibre de dibuixos

بال

pilota

نانځکه

nina

لوبیدل

jugar

د شګو کنده

sorrera

سوینګ

gronxador

نانځکي

joguines

د ویډیو لوبو کنسول

consola de jocs de vídeo

ټرای سایکل

tricicle

ګوډېکه

osset de peluix

د کالو الماری

armari

پوښاک

roba

جرابي

mitjons

لوړي جرابي

mitges

ټایټس

mitja pantaló

زروکی
tapacoll

paraigua

camiseta

کمربند
cintura

سنیکر
sabates d'esport

botes

plantofes

سینډل

....

sandàlies

بوټان

....

sabates

د ربړ بوټان

....

botes de goma

زیرنیکري

....

calçonets

سینه بند

....

sostenidor

واسکټ

....

guardapits

بادي
....
jjustacòs

پتلون
....
pantalons

جينز
....
jeans

لمن
....
faldeta

بلاوز
....
brusa

شرټ
....
camisa

بنيان
....
jersei

سویټر
....
dessuadora

بليزر
....
blazer

جاکټ
....
jaqueta

کوټ
....
mantell

د باران کوټ
....
impermeable

پوښاک
....
vestit de dona

کالي
....
vestit de dona

د واده پوښاک
....
vestit de núvia

دریشي

vestit d'home

د شپي پوښاک

camisa de dormir

پاجامه

pijama

ساړي

sari

لوپټه

mocador de cap

پټکی

turbant

برقه

burca

کفتن

caftan

عبا

abaia

د لامبو پوښاک

vestit de bany

نیکر

calçon(et)s de bany

شارټ

pantalons curts

د ځغاستي پوښاک

xandall

پیش بند

davantal

دستکش

guants

بټن

botó

عینک

ulleres

لاس بند

braçalet

غاړه کی

collaret

ګوتمه

anell

غوږوالی

orellera

خولی

casquet

کوټ بند

penjador

خولی

capell

ټایی

corbata

ځنځیر

cremallera

هیلمیټ

casc

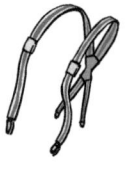

تړونکی

elàstics

د ښوونځي یونیفارم

uniforme escolar

یونیفارم

uniforme

بيب

pitet

ګـونګـشی

xumet

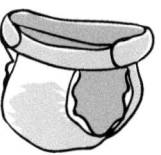

نيپي

bolquer

دفتر

oficina

سرور
servidor
د دوسيه الماری
armari arxivador
پرينټر
impressora
ورق
paper
مانيټور
monitor
ماوس
ratolí
ډيسک
escriptori
فولډر
arxivador
کي بورد
teclat
اشغالدانی
paperera
کمپيوټر
ordinador
cadira

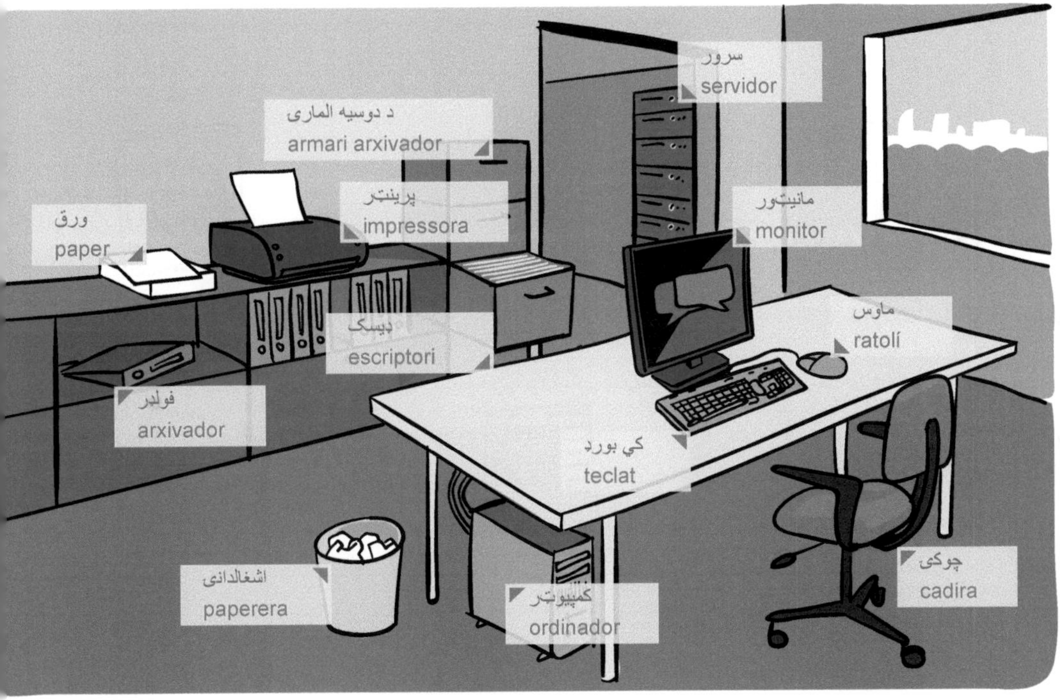

د کافي پياله

tassa de cafè

کالکوليټر

calculadora

انټرنيټ

Internet

لپ تاپ

ordinador portàtil

لیک

lletra

پیغام

missatge

موبایل

mòbil

نیټورک

xarxa

فوټوکاپیر

fotocopiadora

سافټویر

programari

تلیفون

telèfon

پلک ساکټ

presa de corrent

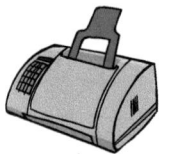

فکس مشین

fax

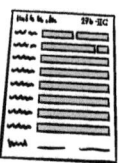

فارم

formulari

سند

document

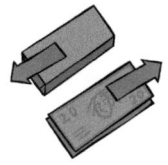

پیرل

comprar

تادیه کول

pagar

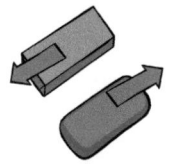

سوداګري کول

comerciar

پیسې

diners

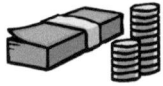

ډالر

dòlar

یورو

euro

ین

ien

ربل

ruble

سویسي فرانک

franc suís

رینمینبي یوان

renminbi

روپۍ

rupia

د نغدي پیسو ځای

caixa automàtica

د اسعارو د تبادلي دفتر

....

oficina de canvi

سره زر

....

or

سپين زر

....

argent

تيل

....

petroli

انرژي

....

energia

نرخ

....

preu

قرارداد

....

contracte

ماليه

....

impost

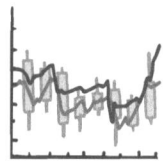

اسهام

....

acció

کار کول

....

treballar

کارمند

....

treballador

کار ګومارونکی

....

empresari

فابریکه

....

fàbrica

پلورنځی

....

botiga

د پولیسو افسر
oficial de policia

د اطفایه غری
▶ bomber

آشپز
cuiner

ډاکتر
doctora

پیلوټ
pilot

باغوان
jardiner

نجار
fuster

خیاط
costurera

قاضي
jutge

کیمیا پوه
química

د فلم لوبغاری
actor

د بس ډرايور
....
conductor d'autobús

د ټيکسي ډرايور
....
taxista

كب نيونكى
....
pescador

خدمه
....
dona de la neteja

بام جوړونكى
....
ensostrador

پيشخدمت
....
cambrer

ښکاري
....
caçador

نقاش
....
pintor

نانوا
....
forner

د برښنا كاركونكى
....
electricista

تعمير جوړونكى
....
obrer de la construcció

انجنير
....
enginyer

قصاب
....
carnisser

نلدوان
....
llanterner

پوست رسونكى
....
correu

سرتیری

soldat

مهندس

arquitecte

صراف

caixera

مالیار

florista

نایی

perruquer

کلینډر

revisor

میکانیک

mecànic

کپتان

capità

د غاښونو ډاکټر

dentista

ساینس پوه

científic

ښاغلی

rabí

امام

imam

مذهبي نفر

monjo

پادري

capellà

لوازم

eines

څټکی
martell
پلاس
tenalles
پیچکش
descaragolador
رینچ
clau anglesa
څراغ
llanterna

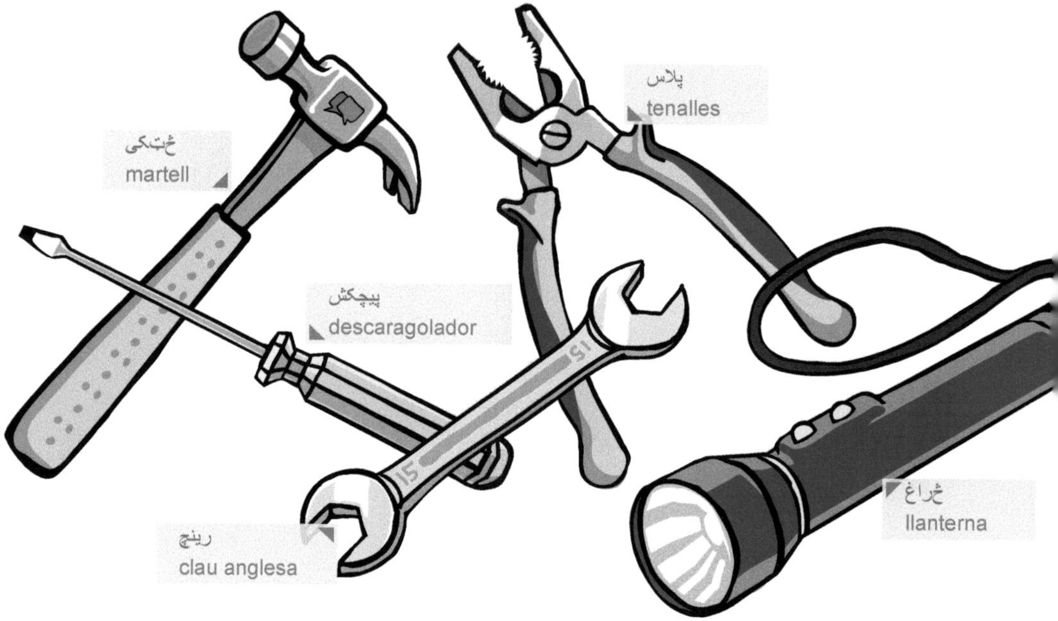

کنستونکی

excavadora

د لوازمو بکس

caixa d'eines

زینه

escala

اره

serra

میخونه

claus

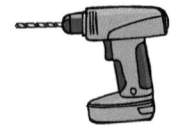

برمه

trepant

ترمیم کول

reparar

بیل

pala

لعنت!

Maleït siga!

خاک انداز

pala

مشوانۍ

pot de pintura

پیچونه

caragols

د میوزیک آلات

instrument de música

لاوډ سپیکر
altaveu

درم سیټ
bateria

کنټرباس
contrabaix

ترومپیټ
trompeta

ګیتار
guitarra

پیانو

piano

وایلن

violí

باس

baix

نغاره

timbal

ډرمونه

tambor

کي بورډ

teclat

سیکسافون

saxofon

شپیلۍ

flauta

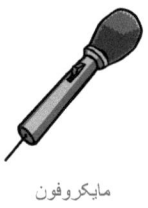

مایکروفون

micròfon

ژوبڼ

zoo

ننوتو لاره
entrada
tigre
پنجره
gàbia
ګوره خر
zebra
د ژويو خواړه
aliment per a animals
ós panda

ژوی

animals

هاتي

elefant

کنګرو

cangurú

د اوبو اسپ

rinoceront

ګوريلا

goril·la

ايږه

ós

اوبښ

camell

شترمرغ

estruç

زمری

lleó

بیزو

simi

غزی

flamenc

طوطي

papagai

قطبي ایږه

ós polar

پینګوین

pingüí

شارک

ca mari

طاوس

paó

مار

serp

تمساح

cocodril

ژوبڼ ساتونکی

guardià del zoo

سیل

foca

جګوار

jaguar

یابو

poni

پړانګ

lleopard

هيپو

hipopòtam

زرافه

girafa

باز

àliga

نرخوګ

senglar

کب

peix

شمشتۍ

tortuga

سمندري نولی

morsa

ګيدړه

guineu

هوسۍ

gasela

ورزش

esports

futbol americà
سایکل ځغلول
ciclisme
tenis
باسکیټبال
bàsquet
لامبو
natació
باکسینګ
boxa
د کنګل هاکي
hoquei sobre gel

فټبال

futbol americà

کسیزه

bàdminton

د ځغاستې لوبې

atletisme

د هندبال

handbol

سکي

esquí

پولو

polo

فعاليتونه

activitats

ټوپ وهل
saltar
غاړه ورکول
abraçar
خندل
riure
anar
سندرې ويل
cantar
خوب ليدل
somiar
عبادت کول
pregar
مچو کول
fer un petó

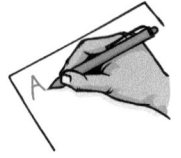

ليکل

escriure

کښل

dibuixar

ښودل

mostrar

ټېله کول

pitjar

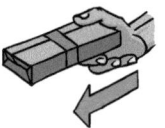

ورکول

donar

اخيستل

prendre

درلودل

tenir

کول

fer

پاييدل

ésser

ودريدل

estar dret

منډې وهل

córrer

راکښل

estirar

گوزارل

llançar

لويدل

caure

څملاستل

jeure

انتظار کول

esperar

وړل

portar

کښيناستل

asseure's

پوښاک اغوستل

vestir-se

ويده کيدل

dormir

پاڅيدل

despertar-se

کتل

mirar

ژړل

plorar

برید کول

amoixar

ګمنځ کول

pentinar

خبرې کول

parlar

پوهیدل

comprendre

غوښتل

demanar

اوریدل

escoltar

څښل

beure

خوړل

menjar

پاکول

endreçar

مینه کول

estimar

پخلی کول

cuinar

موټر چلول

conduir

الوتل

volar

بېړۍ چلول

....

navegar

حساب

....

calcular

لوستل

....

llegir

زده کول

....

aprendre

کار کول

....

treballar

واده کول

....

casar-se

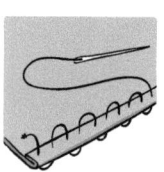

ګنډل

....

cosir

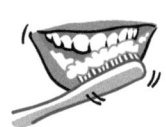

د غاښونو برس کول

....

raspallar-se les dents

وژل

....

matar

سګرټ څښل

....

fumar

لیږل

....

enviar

کورنۍ
família

نیا
àvia
نیکه
avi
پلار
pare
مور
mare
ماشوم
nadó
لور
filla
زوی
fill

میلمه
convidat

ترور
tia

کاکا/ماما
oncle

ورور
germà

خور
germana

بدن

cos

تندی
front
ull
اوږه
espatlla
dit
مخ
cara
زنه
barbeta
لاس
mà
سینه
pit
پښه
cama
braç

ماشوم

nadó

سړی

home

ښځه

dona

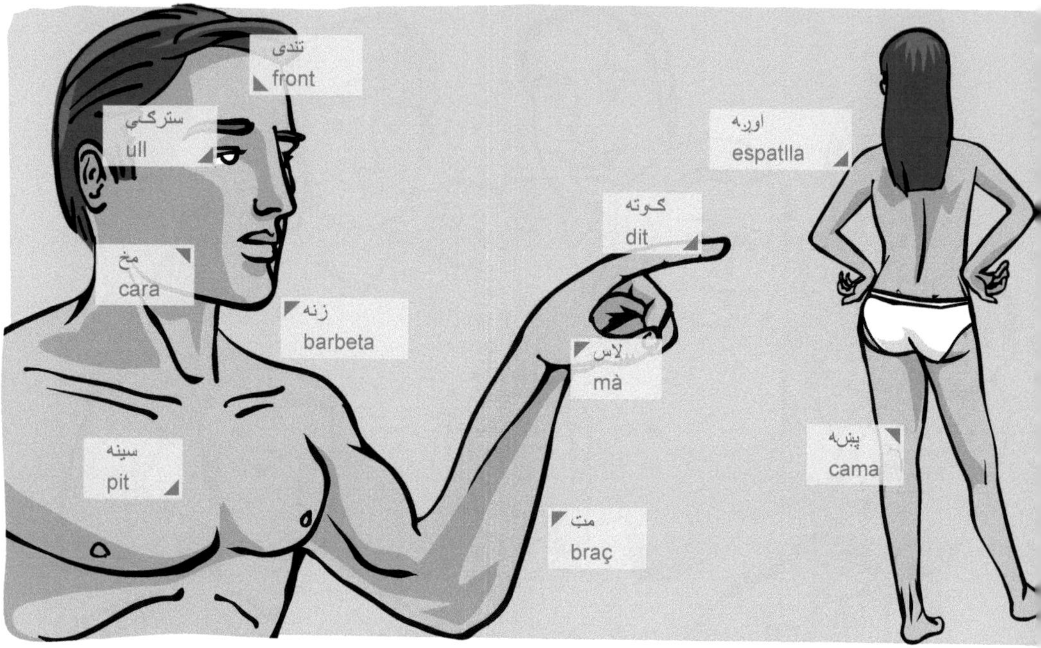

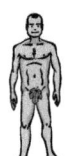

انجلۍ

noia

هلک

noi

سر

cap

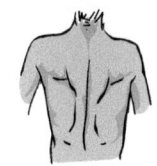

شا

....

esquena

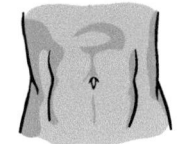

خیټه

....

panxa

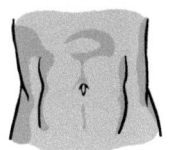

نوم

....

melic

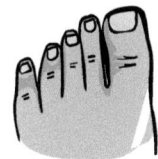

د پښې ګوته

....

dit gros del peu

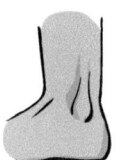

پونده

....

taló

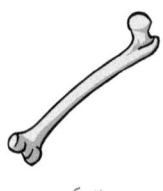

هډوکی

....

os

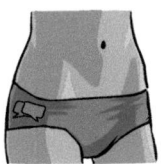

کوناټی

....

maluc

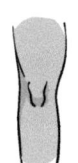

زنګون

....

genoll

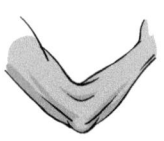

څنګل

....

colze

پوزه

....

nas

لاندي برخه

....

cul

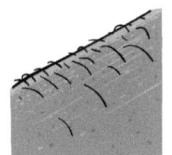

پوټکی

....

pell

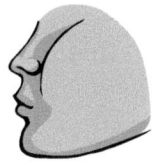

غومبوری

....

galta

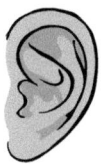

غوږ

....

orella

شونډه

....

llavi

خوله

boca

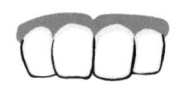

غاښ

dent

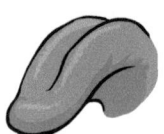

ژبه

llengua

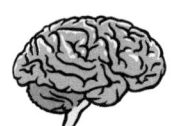

مغز

cervell

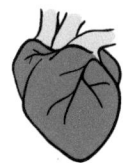

زړه

cor

عضله

múscul

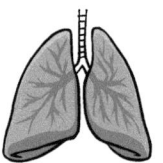

سږی

pulmó

ځیګر

fetge

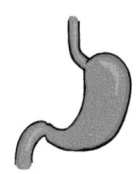

معده

estómac

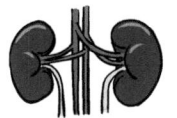

پښتورګي

ronyó

جنسي نږدې والی

relació sexual

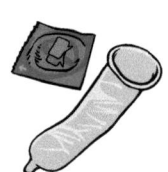

کاندوم

preservatiu

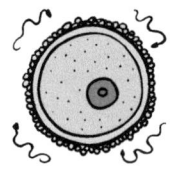

تخمه

ovari

مني

semen

حمل

prenyat

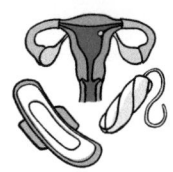

حيض

....

menstruació

مهبل

....

vagina

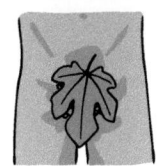

د نارينه تناسلي آله

....

penis

وروځی

....

cella

ويښته

....

cabells

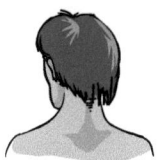

غاړه

....

coll

روغتون
hospital

امبولانس
ambulància
ويل چير
cadira de rodes
کسر
fractura

داکټر

doctora

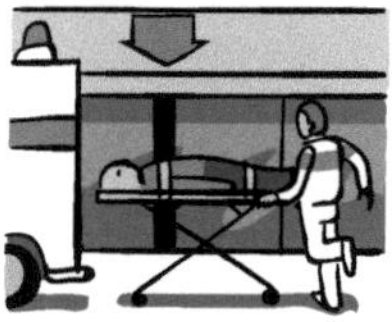

عاجل خونه

sala d'urgències

رنځورپال

infermera

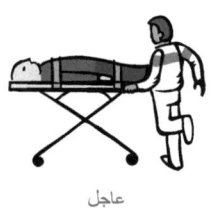

عاجل

urgència

بې هوش

inconscient

درد

dolor

ټپ

ferida

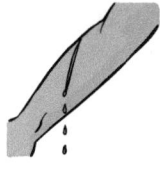

وینه تویدل

sagnament

د زړه حمله

atac de cor

ضرب

apoplexia

حساسیت

al·lèrgia

ټوخی

tos

تبه

febre

انفلوینزا

gripa

نس ناستی

diarrea

سر درد

mal de cap

سرطان

càncer

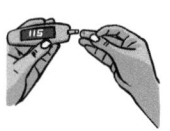

شکر

diabetis

جراح

cirurgià

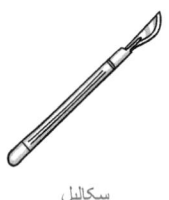

سکالپل

escalpel

عملیات

operació

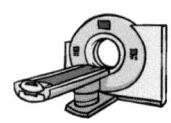

سي.ټي

tomografia computada (TC), TAC

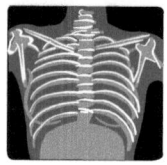

ایکس رې

raigs x

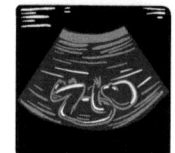

الټراساونډ

ultrasò

د مخ ماسک

mascareta

ناروغي

malaltia

انتظار خونه

sala d'espera

امسآ

crossa

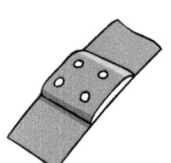

پلستر

tireta

بنداژ

embenat

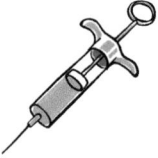

تزریق

injecció

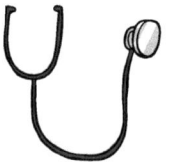

ستاتسکوپ

estetoscopi

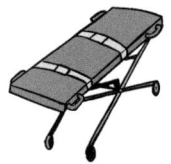

تسکیره

llitera

کلینکي ترماميټر

termòmetre clínic

زیږون

pariment

زیات وزن

sobrepès

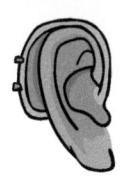

د اوریدو مرسته
....
aparell auditiu

د عفونیت ځخه پاکونکي مواد
....
desinfectant

عفونیت
....
infecció

ویروس
....
virus

ایچ.آی.وي/ایدز
....
VIH / SIDA

درمل
....
medicina

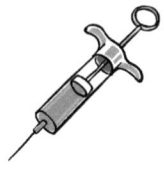

واکسین
....
vaccí

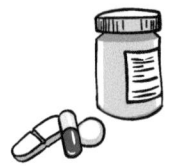

ټابلیټس
....
comprimits

ګولی
....
píl·lola

عاجل تلیفون
....
trucada d'urgència

د ويني د فشار ځارونکی
....
tensiòmetre

ناروغ/روغ
....
malalt / sà

عاجل

urgència

مرسته!

Socors!

الارم

alarma

يرغل

assalt

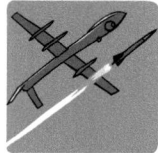

بريد

atac

خطر

perill

عاجل لاره

sortida-eixida d'urgència

اور!

Foc!

د اور وژونکی

extintor

پيښه

accident

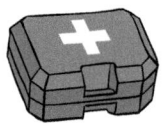

د لومړی مرستي لوازم

farmaciola de primers auxilis

ايس.او.ايس

SOS

پوليس

policia

اروپا

....

Europa

شمالي امريكا

....

Amèrica del Nord

سهيلي امريكا

....

Amèrica del Sud

افريقا

....

Àfrica

آسيا

....

Àsia

آسټرېليا

....

Austràlia

اتلانتيک

....

Atlàntic

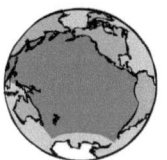

پاسيفيک

....

Pacífic

د هند بحر

....

Oceà Índic

جنوبي منجمد بحر

....

Oceà Antàrtic

د شمال قطب بحر

....

Oceà Àrtic

شمالي قطب

....

pol nord

سهيلي قطب

pol sud

انټارکټيکا

Antàrtida

ځمکه

terra

ځمکه

país

بحر

mar

ټاپو

illa

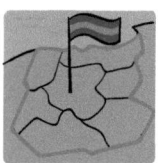

ملت

nació

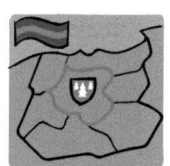

دولت

estat

ساعت

rellotge

د مخي ساعت

quadrant

د ساعت ستنه

agulla de les hores

د دقيقي ستنه

agulla dels minuts

د ثانيی ستنه

agulla dels segons

څه وخت دی؟

Quina hora és?

ورځ

dia

وخت

temps

اوس

ara

ديجيټل ساعت

rellotge digital

دقيقه

minut

ساعت

hora

اونۍ

setmana

دوشنبه
dilluns
سه شنبه
dimarts
چهارشنبه
dimecres
پنجشنبه
dijous
جمعه
divendres
شنبه
dissabte
یکشنبه
diumenge

پرون

ahir

نن

avui

سبا

demà

سهار

matí

غرمه

migdia

مابښام

tarda

کاري ورځې

dia feiner

د اونۍ پای

cap de setmana

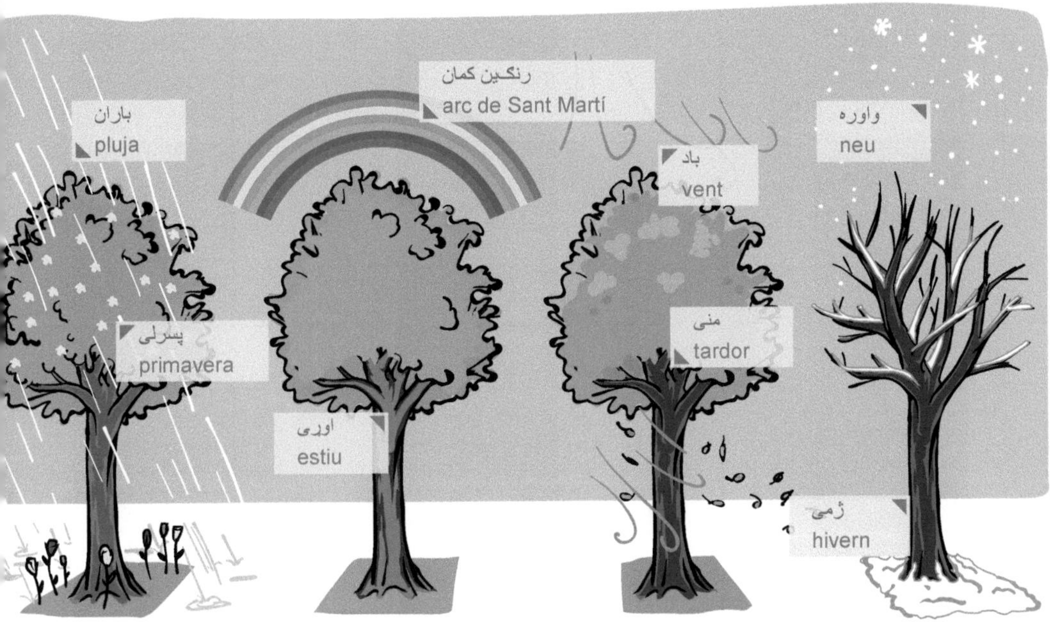

باران
pluja
رنګین کمان
arc de Sant Martí
باد
vent
واوره
neu
پسرلی
primavera
اوړی
estiu
منی
tardor
ژمی
hivern

د موسم وړاندوینه

pronòstic del temps

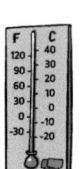

ترمومیټر

termòmetre

د لمر وړانګې

llum del sol

وريځ

núvol

لړه

boira

رطوبت

humiditat de l'aire

رڼا

llamp

تندر

tro

توفان

tempesta

ږلۍ وریدل

calamarsa

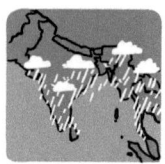

مون سون باران

monsó

سیلاب

inundació

یخ

gel

جنوري

gener

فبروري

febrer

مارچ

març

اپریل

abril

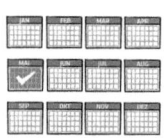

مۍ

maig

جون

juny

جولای

juliol

اگست

agost

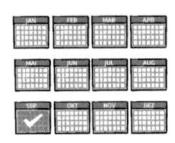

سپتمبر

....

setembre

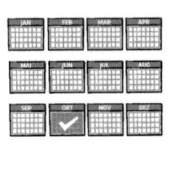

اکتوبر

....

octubre

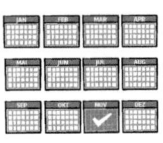

نومبر

....

novembre

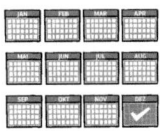

دسمبر

....

desembre

شکلونه

formes

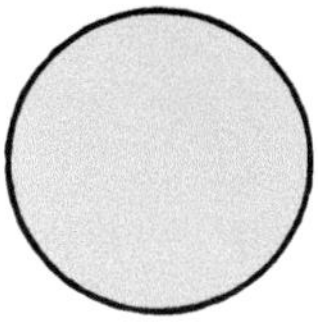

دایره

....

cercle

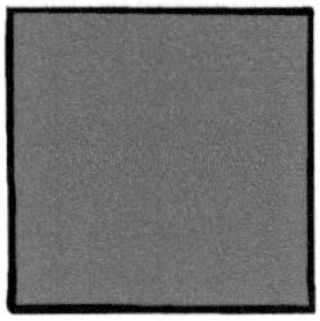

مربع

....

quadrat

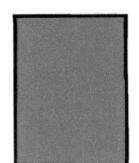

مستطیل

....

rectangle

مثلث

....

triangle

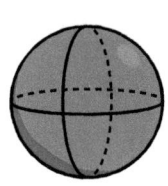

توپ

....

esfera

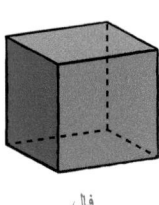

قال

....

cub

رنګونه

colors

سپين

blanc

ژير

groc

نارنجي

taronja

ګلابي

rosa

سور

vermell

ارغواني

lila

نيلي

blau

شين

verd

نسواري

marró

خړ

gris

تور

negre

خورا ډیر/خورا لږ

molt / poc

قار/ارام

emprenyat / tranquil

ښکلی/بدشکله

bonic / lleig

پیل/پای

començament / fi

لوی/کوچنی

gran / petit

روښانه/تیاره

clar / fosc

ورور/خور

germà / germana

پاک/ککړ

net / brut

مکمل/نامکمل

complet / incomplet

ورځ/شپه

dia / nit

مړ/ژوندی

mort / viu

پراخه/نری

ample / estret

د خوراک وړ/نه خوړل کیدونکی

comestible / immenjable

بد/مهربان

dolent / amable

پاریدلی/بي خونده

entusiasmat / entediat

چاق/وچ

gros / prim

لومړی/وروستی

primer / darrer

ملګری/دښمن

amic / enemic

ډک/تش

ple / buit

سخت/نرم

dur / tou

دروند/سپک

pesant / lleuger

لوږه/تنده

gana / set

ناروغ/روغ

malalt / sà

غیر قانوني/قانوني

il·legal / legal

هوښیار/ساده

intel·ligent / ximple

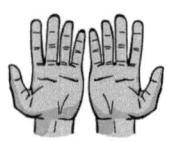

کیڼ/ښي

esquerra / dreta

نږدې/لرې

prop / llunyà

نوی/زوړ

nou / usat

هیڅ/یو څه

res / quelcom

بډا/ځوان

vell / jove

چالان/بند

encès / apagat

خلاصه/تړلی

obert / tancat

غلی/لوړ غږ

silenciós / sorollós

بډایه/غریب

ric / pobre

صحیح/غلط

correcte / incorrecte

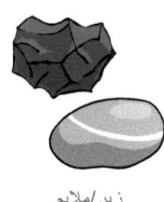

زیږ/ملایم

aspre / suau

خفه/خوښ

trist / content

لنډ/اوږد

curt / llarg

سست/ګړندی

lent / ràpid

لوند/وچ

humit / sec - eixut

ګرم/یخ

calent / fred

جګړه/سوله

guerra / pau

شمیرې
nombres

0	1	2
صفر	یو	دوه
zero	u	dos
3	4	5
درې	څلور	پنځه
tres	quatre	cinc
6	7	8
شپږ	اوه	اته
sis	set	vuit
9	10	11
نهه	لس	یولس
nou	deu	onze

12

دولس

dotze

13

ديارلس

tretze

14

ڇوارلس

catorze

15

پنځلس

quinze

16

شپاړس

setze

17

وولس

disset

18

اتلس

divuit

19

نولس

dinou

20

شل

vint

100

سل

cent

1.000

زر

mil

1.000.000

میلیون

milió

ژبې
llengües

انګلسي

anglès

امریکایی انګلسي

anglès americà

چینایی مندرین

xinès mandarí

هندي

hindi

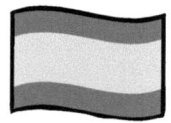

هسپانوي

espanyol

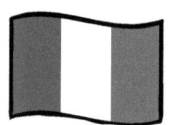

فرانسوي

francès

عربي

àrab

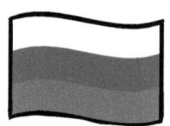

روسي

rus

پرتګالي

portuguès

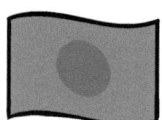

بنګالي

bengalí

آلماني

alemany

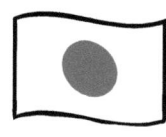

جاپاني

japonès

زه

jo

ته

tu

هغه/دغه/دا

ell / ella / allò

موږ

nosaltres

تاسي

vosaltres

دوی/هغوی

ells

څوک؟

qui?

څه؟

què?

څنګه؟

com?

چیرې؟

on?

کله؟

quan?

نوم

nom

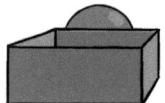

شاته

darrere

په

en

په مخه کې

davant de

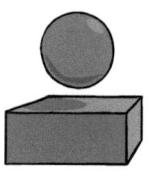

باندې

damunt

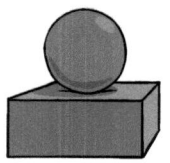

په

sobre

لاندې

sota

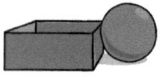

برسیره پر

al costat

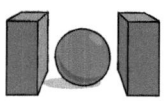

ترمینځ

entre

ځای

lloc